십자가의 길 양육시리즈 ③　　　　　　　　　　　　　　　　초급 3

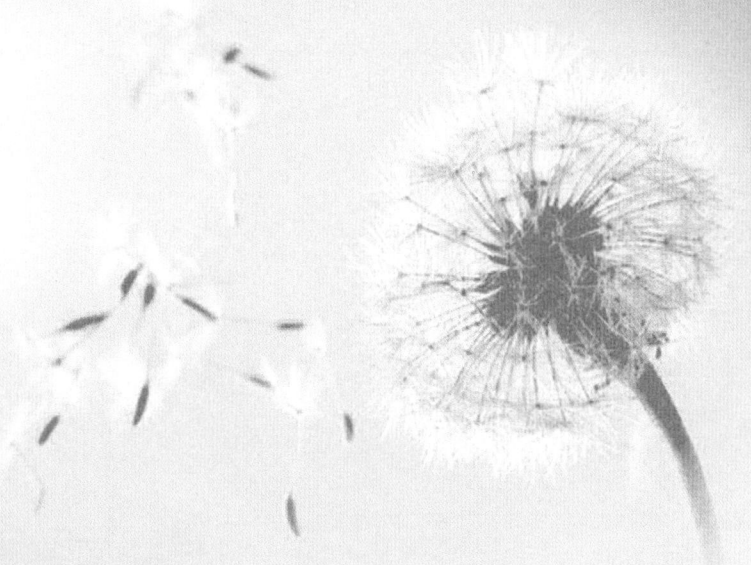

개정판 제자의 삶

평신도 제자훈련 교재

제자의 삶 개정판

지은이 _ 권영구
초판 발행 _ 2009년 11월 15일
제판 11쇄 발행 _ 2024년 10월 25일
펴낸 곳 _ 기적
등록번호 _ 제390-2023-000032호
주소 _ 경기도 광명시 하안로 60 광명테크로파크 E동 1015호
전화 _ 010-5950-4109
FAX _ 02)899-9189
홈페이지 _ www.52ch.kr
구입문의 _ 010-5950-4109, 02)2615-0019

ISBN 979-11-987239-2-5(93230)
값 5,000원

저자와의 협약아래 인지는 생략되었습니다.
이 출판물은 저작권법에 의해 보호를 받는 저작물이므로
무단 전재와 복제를 할 수 없습니다.

이 책을 복사하지 않고 구입하는 것은 선교센터를 돕는 것입니다.
그리고 신앙 양심을 지키는 것입니다.

제자의 삶

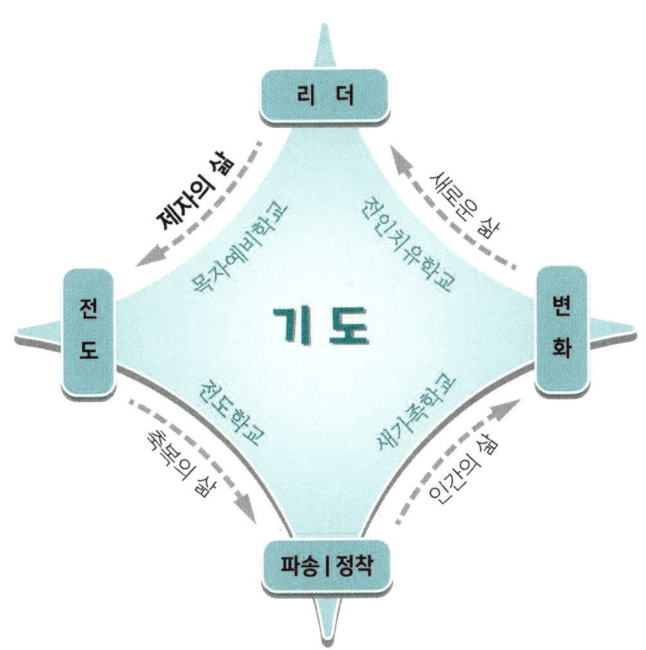

기적

머리말
PREFACE

    27년 동안 목회를 하면서 수많은 제자훈련 과정을 만들어 성도들에게 교육하였습니다. 성령 하나님의 역사하심으로 많은 열매들이 맺혔습니다.

    최근에 한국 모 기관에서 셀을 체계적으로 배우면서 짧은 시간에 교회 일꾼을 만들어 배출할 수 있다는 것을 알게 되었습니다. 그래서 모 기관 교재를 1년 8개월 동안 집중적으로, 전교인들이 각 목자들을 통하여서 배우게 되었습니다. 결과는 실패였습니다.

    한국정서에 맞는 새로운 양육교재가 필요하다고 생각되었습니다. 그래서 평신도 양육교재를 만들게 되었습니다.

    어떤 내용이어야 성도들이 그리스도의 제자로 변화될까? 성도들에게 꼭 필요한 내용은 무엇일까? 또 가르치는 사람과 배우는 사람이 함께 은혜를 받는 말씀은 무엇일까? 평신도들이 다른 사람을 쉽게 가르칠 수 있게 하려면 어떻게 써야 할까? 이런 고민들을 하면서 해결책을 찾았습니다. 성도들이 배우고 가르치면서 은혜받고 또 받을 수 있는 교재, 그리고 자신도 힘이 나는 교재를 만들게 되었습니다.

    제자의 삶은 제자로서 버려야 할 것과 새로 취해야 할 것인 무엇인지, 그리고 십자가를 지고 가서 죽어야 하는 삶이 무엇인지를 알려 줍니다. 이 책을 공부하면서 성령 하나님의 역사로 제자로 거듭 나시기를 바랍니다. 이 책은 진정한 제자의 도와 십자가의 도를 가르쳐 줄 것입니다.

    이 책을 출판하도록 교정과 편집에 도움 주신 박영선 집사, 김미경 집사, 오정아 집사에게 감사를 드립니다. 그리고 무엇보다 가장 많은 은혜와 생각을 주신 하나님께 감사와 영광을 돌립니다.

2009년 8월 10일
서재에서 권영구 목사

CONTENTS 차례

제1과 제자를 삼으실 때 보시는 성품 / 7

제2과 예수님의 제자가 되려면 버려야 할 것 / 15

제3과 예수님의 제자가 되려면 배워야 할 것 / 23

제4과 예수님의 제자가 되려면 십자가를 지고 죽어라 / 31

제5과 예수님의 제자가 되려면 마귀를 이겨라 / 39

제6과 제자의 도는 스승의 교훈대로 행하는 것 / 47

제7과 예수님의 제자는 성령을 받아야 한다 / 55

제 1 과
제자를 삼으실 때 보시는 성품

암송구절

(마 9:9) "예수께서 그 곳을 떠나 지나가시다가 마태라 하는 사람이 세관에 앉아 있는 것을 보시고 이르시되 나를 따르라 하시니 일어나 따르니라"

만약 한 회사가 유능한 신입사원을 뽑기 위해 예수님의 열두 제자를 대상으로 인물 분석을 했다고 가정해 봅시다. 회사가 이들의 학력, 경력, 적성을 종합해 컴퓨터에 분석을 의뢰했다면 아마 이런 결과가 나왔을지도 모릅니다.

야고보와 요한은 매우 이기적인 사람입니다. 도마는 매사에 의심이 많고 부정적인 성격의 소유자입니다. 베드로는 성격이 급해서 실수할 가능성이 높습니다. 안드레는 너무 내성적이어서 매사에 추진력이 떨어집니다.

야고보는 혁명가적인 기질이 있어 위험한 존재입니다. 세리 출신 마태는 자신의 이익만을 추구하는 이기적인 사람입니다. 제자들 중 적격자는 가룟 유다뿐입니다. 그는 학식과 경험을 겸비한 인물이며 실업가의 감각과 사교성을 지니고 있습니다.

그러나 기독교 역사를 변화시킨 사람은 실격자로 판정 난 제자들이었습니다. 세상적인 판단으로 가장 유능한 가룟 유다는 배신자로 낙인 찍혔습니다. 하나님은 교만한 자를 택하지 않으십니다. 겸손하고 부족하다고 하는 사람을 들어 사용하십니다.

예수님은 절대순종, 충성, 열심을 가진 사람을 선택하여 하나님의 일을 하셨습니다.

 제자의 삶

1. 예수님은 제자를 삼으실 때 순종하는가를 시험해 보십니다.

1) 예수님은 무조건 순종하는가를 보셨습니다.

예수님은 그 사람의 환경을 헤아리지 않으시고 따라오라고 명령을 내려 보셨습니다. 그리고 무조건 순종하여 모든 것을 버리고 따르는 사람을 제자로 선택하셨습니다. 그 사람이 부자이거나 권력을 가진 사람일지라도 순종하지 않으면 제자로 삼지 않으셨습니다. 교회에 출석하여 순종하는 것은 제자가 되는 첫 자세입니다.

① 베드로는 예수님의 명령에 무조건 순종하여 직업인 그물과 배를 버리고 예수님을 따라나섰습니다. 뿐만 아니라 가족까지도 뒤로 하고 따랐습니다. 이렇게 순종하여 예수님의 수제자가 될 수 있었습니다.

(마 4 : 19 ~ 20) "[19] 말씀하시되 나를 따라오라 내가 너희를 사람을 낚는 어부가 되게 하리라 하시니 [20] 그들이 곧 그물을 버려 두고 예수를 따르니라"

② 마태는 세관의 좋은 직장을 버리고 무조건 순종하였습니다.

(마 9 : 9) "예수께서 그 곳을 떠나 지나가시다가 마태라 하는 사람이 세관에 앉아 있는 것을 보시고 이르시되 나를 따르라 하시니 일어나 따르니라"

2) 예수님은 무조건 순종하지 않는 사람은 제자로 삼지 않으셨습니다.

예수님이 제자로 삼으려고 명령을 하시거나 어떤 일로 초청을 하셨을 때, 자신의 생각이나 중요한 일들을 이유로 불순종하면 제자로 삼지 않으셨습니다. 그들은 인생에서 가장 큰 실수를 한 사람이 되었습니다.

① 어리석은 부자 청년
이 청년은 영생을 얻는 방법을 예수님께 여쭈어 본 사람입니다. 그리고 어려서부터 십계명을 잘 지킨 사람입니다. 이 청년이 예수님 말씀대로 순종하였더라면

훌륭한 예수님의 제자가 되었을 것입니다. 그러나 재물이 많아 슬픈 기색을 띠고 근심하며 갔다고 말합니다.

(막 10 : 21) "예수께서 그를 보시고 사랑하사 이르시되 네게 아직도 한 가지 부족한 것이 있으니 가서 네게 있는 것을 다 팔아 가난한 자들에게 주라 그리하면 하늘에서 보화가 네게 있으리라 그리고 와서 나를 따르라 하시니"

② 밭을 산 사람

하나님의 초청을 거절한 사람입니다. 생활상의 이유로 초청을 거절하였으나 이 사람은 가장 큰 실수를 한 것입니다. 예수님의 제자가 될 기회를 놓치고 천국에 들어갈 기회도 잃어버렸기 때문입니다.

(눅 14 : 18) "다 일치하게 사양하여 한 사람은 이르되 나는 밭을 샀으매 아무래도 나가 보아야 하겠으니 청컨대 나를 양해하도록 하라 하고"

③ 장례식에 간 사람

예수님은 부모의 장례식보다 먼저 순종하며 따르기를 원하셨습니다. 이렇게 하나님의 말씀을 첫 번째로 여기고 순종하는 사람이 구원받고 제자도 되고 복도 받습니다.

(눅 9 : 59) "또 다른 사람에게 나를 따르라 하시니 그가 이르되 나로 먼저 가서 내 아버지를 장사하게 허락하옵소서"

예수님의 제자가 되려면 예수님이 하시는 말씀에 무조건 순종해야 합니다. 그렇게 하지 못하면 제자로 선택하지 않으셨습니다. 이 기준이 철저하셨습니다.
당신은 지금 무조건 예수님의 말씀에 순종하여 교회에 출석하십니까?
만약 당신이 순종하고 있다면 예수님의 제자가 될 수 있고 영생을 얻을 수 있습니다. 교회 밖에서는 자기 마음대로 했을지라도 그것을 버리고, 교회에 출석하면 교회의 규칙과 성경말씀에 무조건 순종하는 것을 배워야 합니다. 그래야 자신의 나쁜 습관이 변하고 예수님의 제자로서의 삶을 살아갈 수 있습니다.
당신이 출석하는 교회 담임목사의 말씀에 순종하십시오. 순종이 복입니다.

 제자의 삶

2. 예수님은 제자를 삼으실 때 충성심이 있는가를 보십니다.

1) 예수님의 제자가 되려면 충성심이 있어야 합니다.

　(마 24 : 45) "충성되고 지혜 있는 종이 되어 주인에게 그 집 사람들을 맡아 때를 따라 양식을 나눠 줄 자가 누구냐"

2) 작은 것에 충성된 자가 큰일에도 충성합니다.

　(눅 16 : 10) "지극히 작은 것에 충성된 자는 큰 것에도 충성되고 지극히 작은 것에 불의한 자는 큰 것에도 불의하니라"

3) 하나님은 충성된 자에게 많은 것을 맡기십니다.

　(마 25 : 21) "그 주인이 이르되 잘하였도다 착하고 충성된 종아 네가 적은 일에 충성하였으매 내가 많은 것을 네게 맡기리니 네 주인의 즐거움에 참여할지어다 하고"

4) 충성된 자에게 열 고을을 다스리는 권세를 주십니다.

　(눅 19 : 17) "주인이 이르되 잘하였다 착한 종이여 네가 지극히 작은 것에 충성하였으니 열 고을 권세를 차지하라 하고"

5) 맡은 자의 구할 것은 충성입니다.

　(고전 4 : 2) "그리고 맡은 자들에게 구할 것은 충성이니라"

6) 충성된 사람이 다른 사람을 가르칩니다.

　(딤후 2 : 2) "또 네가 많은 증인 앞에서 내게 들은 바를 충성된 사람들에게 부탁하라 그들이 또 다른 사람들을 가르칠 수 있으리라"

7) 충성된 자에게 생명의 면류관을 주십니다.

(계 2 : 10) "네가 죽도록 충성하라 그리하면 내가 생명의 관을 네게 주리라"

3. 예수님은 제자를 삼으실 때 열심이 있는가 보십니다.

1) 예수님의 제자가 되려면 열심이 있어야 합니다.

(고후 9 : 2) "이는 내가 너희의 원함을 앎이라 내가 너희를 위하여 마게도냐인들에게 아가야에서는 일 년 전부터 준비하였다는 것을 자랑하였는데 과연 너희의 열심이 퍽 많은 사람들을 분발하게 하였느니라"

2) 바울은 열심이 있었습니다.

(고후 11 : 2) "내가 하나님의 열심으로 너희를 위하여 열심을 내노니 내가 너희를 정결한 처녀로 한 남편인 그리스도께 드리려고 중매함이로다"

3) 하나님께 열심이 있어야 크게 쓰임 받습니다.

(행 22 : 3) "나는 유대인으로 길리기아 다소에서 났고 이 성에서 자라 가말리엘의 문하에서 우리 조상들의 율법의 엄한 교훈을 받았고 오늘 너희 모든 사람처럼 하나님께 대하여 열심이 있는 자라"

4) 모두 열심을 내야 합니다.

(계 3 : 19) "무릇 내가 사랑하는 자를 책망하여 징계하노니 그러므로 네가 열심을 내라 회개하라"

NOTE

제 1 과
제자를 삼으실 때 보시는 성품

참고의 말씀

우리가 예수님의 제자가 되려면 알아야 할 일들입니다. 무턱대고 자신이 예수님의 제자라고 하는데, 지금 예수님이 요구하는 조건인 순종, 충성, 열심을 갖추었는지 생각해 보아야 합니다. 그리고 열심히 노력하여 빠른 시간에 자신을 하나님과 교회, 그리고 담임목사에게 순종, 충성, 열심을 보일 수 있는 성도가 되어야 합니다.

 오늘 깨달은 말씀을 논하기

1. 예수님이 제자 삼으실 때 첫 번째 보시는 성품은 무엇입니까?

2. 예수님이 제자 삼으실 때 두 번째 보시는 성품은 무엇입니까?

3. 예수님이 제자 삼으실 때 세 번째 보시는 성품은 무엇입니까?

4. 자신에게 순종, 충성, 열심 중 어떤 성품이 있습니까?

5. 다른 일로 하나님의 일에 순종하지 못하고 거역한 적이 있습니까?

 **통성기도**   오늘 깨달은 말씀을 통성으로 합심하여 기도하고, 성령 하나님이 우리들을 지배하시도록 기도합니다.

교회에서 리더가 되려면 순종, 충성, 열심 있는 성도가 되어야 합니다. 그래야 다른 사람을 양육하고 이끌 수 있습니다. 이러한 기본을 빨리 만들수록 복 받는 사람도 되고 모든 면에서 성공합니다.

제 2 과
예수님의 제자가 되려면 버려야 할 것

암송구절

(마 16 : 24) "이에 예수께서 제자들에게 이르시되 누구든지 나를 따라 오려거든 자기를 부인하고 자기 십자가를 지고 나를 따를 것이니라"

어떤 신학자는 〈제자의 길과 그 개체〉라고 하는 저서에서 이렇게 말합니다.
"예수 그리스도의 부름에 응답하기 위해서는, 다시 말하면 예수님의 제자가 되기 위해서는 우리에게 세 가지 결단이 있어야 한다.

첫째, 단독 결정이 있어야 한다. 누구에게 물을 얘기가 아니다. 이것은 실존적인 문제이다. 아내고 남편이고 자식이고 아무와도 관계없는 것이다. 이것은 절대생명의 문제이므로 단독으로 결정해야 한다.

둘째, 단독으로 나서야 한다. 거추장스러운 것은 생각할 수가 없다. 이것은 주님과 나와의 관계이기 때문에, 하나님과 나와의 관계이기 때문에 혼자 나서야 한다.

셋째, 세상과의 관련성을 청산해야 한다. 내가 하나님과 만나고, 하나님 앞으로 가는 길에 방해되는 것이 있다면 무엇이든지 끊어버려라. 툭툭 잘라 버려라. 그렇지 않고는 결코 사람의 바른 모습, 그리스도인의 바른 제자가 될 수 없다"고 말했습니다.

 제자의 삶

1. 예수님의 제자가 되려면 꼭 버려야 할 것이 있습니다.

1) 자신을 부인하고 버려야 합니다.

　예수님은 우리가 제자가 되려면 첫 번째 조건이 자신을 부인하고 따라야 하는 것이라고 말씀합니다. 자기를 부인할 줄 아는 사람은 십자가를 지고 예수님을 따르고, 자기를 부인할 줄 모르는 사람은 십자가를 지고 가다가 힘들면 버리고 도망갑니다. 자기를 버리지 못하면 예수님의 제자가 되지 못합니다.

　전도 되어 교회를 출석해도 자신을 버리지 못한 사람은 생각과 성품이 세상 사람과 똑같습니다. 그래서 전혀 기독교인답지 않습니다. 교회에 출석을 하고 직분을 얻었을 뿐이지 불신자와 같은 사람입니다. 교회에 출석하는 즉시 자기를 버려야 합니다. 이것이 십자가의 도를 실천하는 것입니다.

　(마 16 : 24) "이에 예수께서 제자들에게 이르시되 누구든지 나를 따라오려거든 자기를 부인하고 자기 십자가를 지고 나를 따를 것이니라"

2) 자신의 체면을 버려야 합니다.

　(행 10 : 22) "그들이 대답하되 백부장 고넬료는 의인이요 하나님을 경외하는 사람이라 유대 온 족속이 칭찬하더니 그가 거룩한 천사의 지시를 받아 당신을 그 집으로 청하여 말을 들으려 하느니라 한대"

3) 자존심을 버려야 합니다.

　수로보니게 여인처럼 자존심을 버려야 합니다.

　(막 7 : 28) "여자가 대답하여 이르되 주여 옳소이다마는 상 아래 개들도 아이들이 먹던 부스러기를 먹나이다"

4) 고집도 버려야 합니다.

　(롬 2 : 5) "다만 네 고집과 회개하지 아니한 마음을 따라 진노의 날 곧 하나님의 의로우신 심판이 나타나는 그 날에 임할 진노를 네게 쌓는도다"

2. 예수님의 제자가 되려면 세상 것을 버려야 합니다.

1) 세상 지식도 버려야 합니다.

  (빌 3 : 8) "또한 모든 것을 해로 여김은 내 주 그리스도 예수를 아는 지식이 가장 고상하기 때문이라 내가 그를 위하여 모든 것을 잃어버리고 배설물로 여김은 그리스도를 얻고"

2) 부자 되려는 마음도 버려야 합니다.

  부자가 되면 돈을 더 사랑하고 의지하게 되므로 하나님을 잊어버리기가 쉽습니다. 부자가 되면 더 하나님께 감사하고 헌신해야 옳습니다. 부자가 되려는 마음은 버리고 하나님을 잘 믿으려는 마음을 가지십시오.

  (마 19 : 23) "예수께서 제자들에게 이르시되 내가 진실로 너희에게 이르노니 부자는 천국에 들어가기가 어려우니라"

3) 돈을 사랑하는 마음을 버려야 합니다.

  (딤전 6 : 10) "돈을 사랑함이 일만 악의 뿌리가 되나니 이것을 탐내는 자들은 미혹을 받아 믿음에서 떠나 많은 근심으로써 자기를 찔렀도다"

  예수님은 제자들에게 돈을 사랑하는 마음을 버리기 위해서 전대나 돈을 가지지 말라고 하셨습니다.

  (막 6 : 8) "명하시되 여행을 위하여 지팡이 외에는 양식이나 배낭이나 전대의 돈이나 아무 것도 가지지 말며"

4) 높아지려는 마음도 버려야 합니다.

  (눅 20 : 46) "긴 옷을 입고 다니는 것을 원하며 시장에서 문안 받는 것과 회당의 높은 자리와 잔치의 윗자리를 좋아하는 서기관들을 삼가라"

 제자의 삶

5) 개인의 욕심을 버려야 합니다.

(엡 4 : 22) "너희는 유혹의 욕심을 따라 썩어져 가는 구습을 따르는 옛 사람을 벗어 버리고"

6) 예수님의 제자들은 모두 버렸습니다.

여기서 자신을 버리는 것에 실패하면 신앙이 성장하지 못하고 신앙생활도 실패합니다. 이것이 순종이고 예수님을 믿는 첫 번째 단계입니다.

(눅 18 : 28 ~ 30) "[28] 베드로가 여짜오되 보옵소서 우리가 우리의 것을 다 버리고 주를 따랐나이다 [29] 이르시되 내가 진실로 너희에게 이르노니 하나님의 나라를 위하여 집이나 아내나 형제나 부모나 자녀를 버린 자는 [30] 현세에 여러 배를 받고 내세에 영생을 받지 못할 자가 없느니라 하시니라"

3. 예수님의 제자가 되려면 나쁜 습관을 버려야 합니다.

1) 부정적으로 말하는 습관을 버려야 합니다.

(눅 6 : 45) "선한 사람은 마음에 쌓은 선에서 선을 내고 악한 자는 그 쌓은 악에서 악을 내나니 이는 마음에 가득한 것을 입으로 말함이니라"

2) 술 취함과 담배 피우는 습관을 버려야 합니다.

(잠 23 : 21) "술 취하고 음식을 탐하는 자는 가난하여질 것이요 잠자기를 즐겨하는 자는 해어진 옷을 입을 것임이니라"

(고전 5 : 11) "이제 내가 너희에게 쓴 것은 만일 어떤 형제라 일컫는 자가 음행하거나 탐욕을 부리거나 우상 숭배를 하거나 모욕하거나 술 취하거나 속여 빼앗거든 사귀지도 말고 그런 자와는 함께 먹지도 말라 함이라"

3) 도적질과 탐욕의 습관을 버려야 합니다.

　(고전 6 : 10) "도적이나 탐욕을 부리는 자나 술 취하는 자나 모욕하는 자나 속여 빼앗는 자들은 하나님의 나라를 유업으로 받지 못하리라"

4) 거짓말하는 습관을 버려야 합니다.

　(계 21 : 8) "그러나 두려워하는 자들과 믿지 아니하는 자들과 흉악한 자들과 살인자들과 음행하는 자들과 점술가들과 우상 숭배자들과 거짓말하는 모든 자들은 불과 유황으로 타는 못에 던져지리니 이것이 둘째 사망이라"

5) 간음과 음란의 습관을 버려야 합니다.

　(유 1 : 7) "소돔과 고모라와 그 이웃 도시들도 그들과 같은 행동으로 음란하며 다른 육체를 따라 가다가 영원한 불의 형벌을 받음으로 거울이 되었느니라"

6) 게으름과 나태한 습관도 버려야 합니다.

　(잠 13 : 4) "게으른 자는 마음으로 원하여도 얻지 못하나 부지런한 자의 마음은 풍족함을 얻느니라"

7) 급한 성질과 소리 지르는 것과 과격한 말하는 습관도 버려야 합니다.

　(잠 16 : 32) "노하기를 더디 하는 자는 용사보다 낫고 자기의 마음을 다스리는 자는 성을 빼앗는 자보다 나으니라"

8) 불평, 불만, 원망을 하는 습관도 버려야 합니다.

　(고전 10 : 10) "그들 가운데 어떤 사람들이 원망하다가 멸망시키는 자에게 멸망하였나니 너희는 그들과 같이 원망하지 말라"

NOTE

제 2 과
예수님의 제자가 되려면 버려야 할 것

참고의 말씀

　집안에 버려야 할 것들을 버리지 않고 놔두면 집안이 지저분해집니다. 그러므로 집안을 깨끗하게 하려면 못쓰는 것들을 빨리 버려야 합니다. 사람도 못된 것들을 버리면 멋있는 사람이 됩니다. 옛 사람을 버리지 않고는 예수님의 제자가 되기 어렵습니다. 꼭 버리고 예수님의 제자가 되어야 합니다.

 오늘 깨달은 말씀을 논하기

1. 예수님을 믿고 꼭 버려야 할 것을 말해 보십시오.

2. 버려야 할 세상 것들 중에서 버린 것을 말해 보십시오.

3. 버려야 할 나쁜 습관 중에서 버린 것을 말해 보십시오.

4. 자신이 버려야 할 것들의 목록을 적어 보십시오.

5. 버릴 것을 버리면 어떠한 유익이 있다고 생각하십니까?

 통성기도　오늘 깨달은 말씀을 통성으로 합심하여 기도하고, 성령 하나님이 우리들을 지배하시도록 기도합니다.

　교회에서 리더가 되어 사랑과 존경을 받으려면 하나님이 싫어하는 것과 사람이 싫어하는 것을 버려야 합니다. 빨리 버릴수록 인정받고 존경받는 사람이 됩니다. 성도들은 꼭 리더가 되어야 합니다.

제 3 과
예수님의 제자가 되려면 배워야 할 것

암송구절

(마 11 : 29~30) "나는 마음이 온유하고 겸손하니 나의 멍에를 메고 내게 배우라 그리하면 너희 마음이 쉼을 얻으리니 이는 내 멍에는 쉽고 내 짐은 가벼움이라 하시니라"

어떤 책을 보니 미국의 한 청년에게 그의 삼촌이 죽으면서 많은 재산을 물려주며 이렇게 유언을 하였습니다.

"저 아이가 학교에 있는 동안에는 매년 수천 불씩 학비를 대주어라." 그러니까 학교에 있는 동안에는 매년 수천 불씩 받게 된 것입니다.

이 청년은 그 후부터 대학에서 공부만 하였습니다. 한 대학을 졸업하면 다른 대학에 또 들어가기를 70살까지 계속하면서 박사 학위를 열 개도 더 받았습니다. 그리고 나서 죽고 말았습니다. 그러니 박사 학위를 열 개 받은 것이 무슨 소용이 있겠습니까?

배우기만 해서는 안 됩니다. 가르칠 줄도 알아야 합니다.
배우는 목적은 두 가지입니다.
첫째는 나 자신이 배워서 수양하는 것이요,
둘째는 그것을 가지고 남을 가르치기 위한 것입니다. 누구나 교사가 되어야 합니다. 학생으로만 있으면 안 됩니다. 선생도 될 줄 알아야 합니다.

모든 성도들도 성경말씀을 배웠으면 반드시 다른 사람에게 그것을 가르쳐야 합니다. 이것이 예수님의 명령입니다. 이 교재를 가지고 다른 사람에게 가르치십시오. 그것이 순종입니다.

 제자의 삶

1. 예수님의 제자가 되려면 십자가 지는 것을 배워야 합니다.

(마 10 : 38) "또 자기 십자가를 지고 나를 따르지 않는 자도 내게 합당하지 아니하니라"

(눅 14 : 27) "누구든지 자기 십자가를 지고 나를 따르지 않는 자도 능히 내 제자가 되지 못하리라"

십자가는 하나님의 뜻을 이루기 위한 영적, 육적인 사명입니다. 그러므로 자신에게 주어진 십자가를 지고 가는 것을 배워야 합니다. 영적인 사명은 교회에서 맡겨진 일들입니다. 육적인 사명은 가정에서 맡겨진 일들입니다. 자신의 직책에 맡게 책임을 져야 합니다.

십자가에 대해 잘못 알고 있는 것이 있습니다. 죄를 범하거나 자신의 욕심으로 인해 오는 고난과 핍박, 무거운 짐들은 십자가가 아닙니다. 오직 하나님의 뜻을 이루기 위한 고난과 무거운 짐이 십자가입니다.

1) 예수님도 하나님의 뜻을 이루기 위한 십자가의 고난을 받으셨습니다. 그러니 우리도 하나님의 뜻을 이루기 위한 고난을 받는 것이 당연한 일입니다.

(히 13 : 12) "그러므로 예수도 자기 피로써 백성을 거룩하게 하려고 성문 밖에서 고난을 받으셨느니라"

2) 예수님도 십자가를 지시기 전 멸시와 천대를 받으셨습니다.

(막 15 : 17~20) "[17] 예수에게 자색 옷을 입히고 가시관을 엮어 씌우고 [18] 경례하여 이르되 유대인의 왕이여 평안할지어다 하고 [19] 갈대로 그의 머리를 치며 침을 뱉으며 꿇어 절하더라 [20] 희롱을 다 한 후 자색 옷을 벗기고 도로 그의 옷을 입히고 십자가에 못 박으려고 끌고 나가니라"

3) 예수님도 십자가를 지시기 전 핍박을 받으셨습니다.

(요 15 : 20) "내가 너희에게 종이 주인보다 더 크지 못하다 한 말을 기억하라

제 3 과
예수님의 제자가 되려면 배워야 할 것

사람들이 나를 박해하였은즉 너희도 박해할 것이요 내 말을 지켰은즉 너희 말도 지킬 것이라"

4) 힘들어도 참고 십자가를 지고 가야 합니다.

　(벧전 2 : 19 ~ 20) "[19] 부당하게 고난을 받아도 하나님을 생각함으로 슬픔을 참으면 이는 아름다우나 [20] 죄가 있어 매를 맞고 참으면 무슨 칭찬이 있으리요 그러나 선을 행함으로 고난을 받고 참으면 이는 하나님 앞에 아름다우니라"

5) 쓰러져도 다시 일어나 짊어지고 가야 합니다.

　(잠 24 : 16) "대저 의인은 일곱 번 넘어질지라도 다시 일어나려니와 악인은 재앙으로 말미암아 엎드러지느니라"

2. 예수님의 제자가 되려면 섬기는 것을 배워야 합니다.

　(마 20 : 28) "인자가 온 것은 섬김을 받으려 함이 아니라 도리어 섬기려 하고 자기 목숨을 많은 사람의 대속물로 주려 함이니라"

　(마 23 : 11) "너희 중에 큰 자는 너희를 섬기는 자가 되어야 하리라"

　(요 12 : 26) "사람이 나를 섬기려면 나를 따르라 나 있는 곳에 나를 섬기는 자도 거기 있으리니 사람이 나를 섬기면 내 아버지께서 그를 귀히 여기시리라"

3. 예수님의 제자가 되려면 대접하는 것을 배워야 합니다.

　(마 7 : 12) "그러므로 무엇이든지 남에게 대접을 받고자 하는 대로 너희도 남을 대접하라 이것이 율법이요 선지자니라"

　(롬 12 : 13) "성도들의 쓸 것을 공급하며 손 대접하기를 힘쓰라"

　(눅 6 : 38) "주라 그리하면 너희에게 줄 것이니 곧 후히 되어 누르고 흔들어 넘

 제자의 삶

치도록 하여 너희에게 안겨 주리라 너희가 헤아리는 그 헤아림으로 너희도 헤아림을 도로 받을 것이니라"

4. 예수님의 제자가 되려면 온유를 배워야 합니다.

1) 예수님은 '내게 온유와 겸손을 배우라'고 하셨습니다.

　(마 11 : 29) "나는 마음이 온유하고 겸손하니 나의 멍에를 메고 내게 배우라 그리하면 너희 마음이 쉼을 얻으리니"

2) 온유를 옷 입듯이 해야 합니다.

　(골 3 : 12) "그러므로 너희는 하나님이 택하사 거룩하고 사랑 받는 자처럼 긍휼과 자비와 겸손과 온유와 오래 참음을 옷 입고"

3) 온유함으로 가르쳐야 합니다.

　(딤후 2 : 25) "거역하는 자를 온유함으로 훈계할지니 혹 하나님이 그들에게 회개함을 주사 진리를 알게 하실까 하며"

4) 당신이 온유하다는 것을 나타내야 합니다.

　(약 3 : 13) "너희 중에 지혜와 총명이 있는 자가 누구냐 그는 선행으로 말미암아 지혜의 온유함으로 그 행함을 보일지니라"

5. 예수님의 제자가 되려면 겸손을 배워야 합니다.

1) 겸손을 배워서 겸손한 마음으로 사람을 대해야 합니다.

　(빌 2 : 3) "아무 일에든지 다툼이나 허영으로 하지 말고 오직 겸손한 마음으로 각각 자기보다 남을 낫게 여기고"

제 3 과
예수님의 제자가 되려면 배워야 할 것

2) 겸손해야 은혜를 받게 됩니다.

(약 4 : 6) "그러나 더욱 큰 은혜를 주시나니 그러므로 일렀으되 하나님이 교만한 자를 물리치시고 겸손한 자에게 은혜를 주신다 하였느니라"

3) 겸손해야 하나님이 높이십니다.

(벧전 5 : 6) "그러므로 하나님의 능하신 손 아래에서 겸손하라 때가 되면 너희를 높이시리라"

4) 자기를 낮추는 사람이 천국에서 큰 자가 됩니다.

(마 18 : 4) "그러므로 누구든지 이 어린 아이와 같이 자기를 낮추는 사람이 천국에서 큰 자니라"

5) 자신이 낮아지지 않으면 하나님이 강제로 낮추십니다.

(삼하 22 : 28) "주께서 곤고한 백성은 구원하시고 교만한 자를 살피사 낮추시리이다"

(욥 40 : 12) "모든 교만한 자를 발견하여 낮아지게 하며 악인을 그들의 처소에서 짓밟을지니라"

6) 강제로 낮추시어 믿음을 시험해 보실 때가 있습니다.

(신 8 : 2) "네 하나님 여호와께서 이 사십 년 동안에 네게 광야 길을 걷게 하신 것을 기억하라 이는 너를 낮추시며 너를 시험하사 네 마음이 어떠한지 그 명령을 지키는지 지키지 않는지 알려 하심이라"

(신 8 : 3) "너를 낮추시며 너를 주리게 하시며 또 너도 알지 못하며 네 조상들도 알지 못하던 만나를 네게 먹이신 것은 사람이 떡으로만 사는 것이 아니요 여호와의 입에서 나오는 모든 말씀으로 사는 줄을 네가 알게 하려 하심이니라"

제 3 과
예수님의 제자가 되려면 배워야 할 것

참고의 말씀

우리들은 인생을 잘못 살고 있습니다. 우리가 살고 싶은 대로 살면 인생에서 실패합니다. 예수님이 가르쳐 주신 방법은 우리의 생각과 다릅니다. 그러므로 인생을 예수님이 가르쳐 주신 방법으로 살아야 성공합니다. (사 55:8) "이는 내 생각이 너희의 생각과 다르며 내 길은 너희의 길과 다름이니라 여호와의 말씀이니라"라고 말씀하셨습니다.

 오늘 깨달은 말씀을 논하기

1. 자신의 십자가는 무엇이라고 생각하십니까?

2. 자신의 십자가를 지고 가야 합니까, 아니면 내려놓아야 합니까?

3. 다른 사람을 섬기면 어떤 일이 생깁니까?

4. 하나님과 사람을 대접하면 어떤 일이 생깁니까?

5. 겸손에 대해서 무엇을 배우셨습니까?

 통성기도 오늘 깨달은 말씀을 통성으로 합심하여 기도하고, 성령 하나님이 우리들을 지배하시도록 기도합니다.

교회에서 리더가 되는 것은 예수님의 명령이요 하나님의 뜻입니다. 그러므로 리더가 되겠다는 목표를 정하시고 리더로서의 좋은 성품을 빨리 배워야 합니다. 온유와 겸손을 배우십시오.

제 4 과
예수님의 제자가 되려면 십자가를 지고 죽어라

암송구절

(갈 5 : 24) "그리스도 예수의 사람들은 육체와 함께 그 정욕과 탐심을 십자가에 못 박았느니라"

　미국의 어느 목사님이 농부의 집에 하숙을 하고 있었습니다. 농부는 예수를 믿지 않고, 그의 부인은 하나님을 믿는데 매일 남편을 위해 기도하고 있었습니다.

　목사님이 그리스도의 십자가의 죽음의 의미를 농부에게 설명할 기회를 찾고 있었는데, 하루는 아침에 농부가 목사님을 부르더니 닭장에 같이 가보자고 하였습니다. 가보니까 닭장 둥우리에 암탉이 앉아 있는데, 그 날개 밑에서 막 병아리들이 삐악 삐악 소리를 내면서 한 마리씩 기어 나오고 있었습니다. 그런데 농부가 그 암탉을 건드려 보라고 해서 툭 건드렸더니 그 암탉은 죽어 있었습니다.

　농부가 말하기를 "저 머리에 상처를 보십시오. 족제비란 놈이 몸에서 피를 다 빨아 먹었는데도 그놈이 새끼들을 잡아 먹을까봐 꼼짝도 하지 않고 그대로 죽은 것입니다."

　그때 목사님은 "오! 저것이 바로 그리스도와 같습니다. 그는 십자가에서 모든 고통을 참으셨습니다. 예수님은 움직일 수도 있고 십자가에서 내려와 자기 생명을 구원할 수도 있었으나 그렇게 되면 당신과 나는 멸망받기 때문입니다."라고 말하였습니다. 농부는 그 뜻을 깨닫고 즉시 그리스도를 자신의 구주로 모셔 들이고 교회에 출석하였다고 합니다.

 제자의 삶

1. 예수님의 제자가 되려면 자신의 십자가를 지고 죽어야 합니다.

1) 십자가를 지고 예수님처럼 죽으려고 해야 합니다.

예수님은 성도들의 죄의 대속물이 되기 위해 십자가에서 죽으신 것입니다. 그러므로 예수님을 믿으면 살려고 하지 말고 기꺼이 예수님처럼 십자가에서 죽으려고 해야 합니다.

(막 10 : 45) "인자가 온 것은 섬김을 받으려 함이 아니라 도리어 섬기려 하고 자기 목숨을 많은 사람의 대속물로 주려 함이니라"

2) 예수님이 십자가를 지신 것은 죽기까지 복종하신 것입니다.

(빌 2 : 8) "사람의 모양으로 나타나사 자기를 낮추시고 죽기까지 복종하셨으니 곧 십자가에 죽으심이라"

성도들도 핍박과 조롱과 멸시, 천대를 받고 그 짐이 무거워서 여러 번 쓰러져도 십자가를 지고 가서 죽는 데까지 복종해야 합니다.

3) 예수님을 믿으면 날마다 자신을 십자가에 죽여야 합니다.

(갈 5 : 24) "그리스도 예수의 사람들은 육체와 함께 그 정욕과 탐심을 십자가에 못 박았느니라"

매일 자신의 육체를 십자가에 못 박아 버려야 합니다. 그리고 정과 욕심도 십자가에 못 박아 버려야 합니다. 그러면 자신은 아무것도 남지 않습니다. 그래야 하나님이 쓰시기에 좋게 됩니다. 자신이 살아 있으면 하나님이 사용하실 수가 없습니다.

4) 십자가를 지고 죽으라는 것은 여러 가지 의미가 있습니다.

하나님의 뜻을 이루기 위해 자신에게 주어진 사명, 고통, 무거운 짐, 책임을 벗지 말고 인내하며 끝까지 짊어지고 죽어야 하는 것입니다. 억울하고 힘들고 고통스러워도 예수님처럼 입을 다물고 죽어야 합니다.

예수님처럼 멸시, 천대, 조롱, 무시를 당해도 죽으라는 것입니다. 자존심, 우월감, 자만, 교만, 성질, 자신의 생각도 죽이라는 것입니다.

피 한 방울, 물 한 방울까지 남기지 말고 죽어야 합니다.

피 한 방울이 남아 있으면 다시 못된 것이 살아 나옵니다.

자신의 교회를 위하여 죽고 자신의 가정을 위하여 죽어야 합니다.

자신이 십자가에서 완전히 죽어야 성령님이 치료하시고 사용하십니다.

2. 당신이 완전히 죽어야 다른 것들이 삽니다.

1) 당신이 죽어야 당신 안에 그리스도가 살 수 있습니다.

(갈 2 : 20) "내가 그리스도와 함께 십자가에 못 박혔나니 그런즉 이제는 내가 사는 것이 아니요 오직 내 안에 그리스도께서 사시는 것이라 이제 내가 육체 가운데 사는 것은 나를 사랑하사 나를 위하여 자기 자신을 버리신 하나님의 아들을 믿는 믿음 안에서 사는 것이라"

당신이 살아 있으면 이기적인 인간의 모습만 보이지만, 당신이 십자가를 지고 죽으면 당신 안에는 예수님이 살아계시고 겉으로는 예수님의 모습이 나타납니다.

2) 당신이 죽어야 다른 사람이 삽니다.

당신이 십자가에 죽지 않고 살아 있으면 다른 사람들이 불편하고 힘들고 죽게 됩니다. 그러나 당신이 십자가를 지고 죽으면 다른 사람이 살고 영육이 치료됩니다.

> < 크게 소리 내어 읽기 >
> 내가 죽어야 그리스도가 산다. (3번)
> 내가 죽어야 다른 사람이 산다. (3번)
> 내가 죽어야 가정이 산다. (3번)
> 내가 죽어야 교회가 산다. (3번)

 제자의 삶

3. 우리가 자랑할 것은 십자가뿐입니다.

1) 불신자들이 자랑하는 것이 있습니다.

　(요일 2 : 16) "이는 세상에 있는 모든 것이 육신의 정욕과 안목의 정욕과 이생의 자랑이니 다 아버지께로부터 온 것이 아니요 세상으로부터 온 것이라"

　세상 사람들의 자랑은 돈과 재산, 학벌, 권세, 외모, 가문, 자녀, 남편, 아내, 친구 등입니다.

2) 사도 바울은 세상의 모든 것을 배설물로 여긴다고 하였습니다.

　(빌 3 : 8) "또한 모든 것을 해로 여김은 내 주 그리스도 예수를 아는 지식이 가장 고상하기 때문이라 내가 그를 위하여 모든 것을 잃어버리고 배설물로 여김은 그리스도를 얻고"

3) 사도 바울은 십자가만 자랑한다고 하였습니다.

　(갈 6 : 14) "그러나 내게는 우리 주 예수 그리스도의 십자가 외에 결코 자랑할 것이 없으니 그리스도로 말미암아 세상이 나를 대하여 십자가에 못 박히고 내가 또한 세상을 대하여 그러하니라"

4. 최후의 승리는 십자가로 합니다.

1) 예수님이 십자가로 마귀를 이기고 최후 승리하셨습니다.

　마귀는 예수님을 탄생할 때부터 괴롭혔습니다. 헤롯을 시켜서 베들레헴에 있는 2살 이하의 남자 아이를 모두 죽이게 하였습니다. 마귀는 예수님의 전 생애를 따라다니며 괴롭혔습니다. 그러나 예수님은 십자가 위에서 "다 이루었다." 라는 말씀으로 하나님의 뜻을 다 이루시고 마귀도 이기셨습니다.

　(요 19 : 30) "예수께서 신 포도주를 받으신 후에 이르시되 다 이루었다 하시고 머리를 숙이니 영혼이 떠나가시니라"

2) 성도들도 십자가를 지고 죽어야 마귀를 이기고 최후 승리를 하게 됩니다.

(골 2 : 15) "통치자들과 권세들을 무력화하여 드러내어 구경거리로 삼으시고 십자가로 그들을 이기셨느니라"

예수님처럼 십자가에서 완전히 죽으면 마귀를 이기고 승리하게 됩니다. 그리고 당신을 향한 하나님의 뜻도 다 이루게 됩니다.

5. 당신이 죽어야 부활의 영광이 있습니다.

(롬 14 : 9) "이를 위하여 그리스도께서 죽었다가 다시 살아나셨으니 곧 죽은 자와 산 자의 주가 되려 하심이라"

예수님이 십자가의 고난을 받고 죽으신 후에 부활의 영광을 받으신 것처럼, 당신도 십자가에서 죽고 난 후에 하나님께 영광을 받게 됩니다.

6. 한 알의 밀이 되어야 합니다.

(요 12 : 24) "내가 진실로 진실로 너희에게 이르노니 한 알의 밀이 땅에 떨어져 죽지 아니하면 한 알 그대로 있고 죽으면 많은 열매를 맺느니라"

성도들이 한 알의 밀의 진리를 깨닫고 실천한다면 많은 좋은 열매들이 나타나 사랑과 존경을 받는 인물이 될 것입니다. 십자가로 죽는 것은 한 알의 밀알이 되는 것입니다. 이것이 기독교의 진리요, 십자가의 도입니다. 성도들은 이 도를 다른 사람에게 전해야 할 의무가 있습니다.

NOTE

제4과
예수님의 제자가 되려면 십자가를 지고 죽어라

참고의 말씀

교회에 나오면 제일 먼저 십자가의 도부터 배워서 실천해야 합니다. 그래야 예수님의 십자가의 대속의 은혜와 십자가 속에 감추어진 진리를 깨달아 교회에 출석하면서 새롭게 변화된 사람으로 살 수 있습니다. 모든 성도들은 십자가의 도를 제일 먼저 배우고 실천하고 또 다른 사람에게 전해야 합니다. 이것이 하나님의 백성의 도리입니다. 이 교재를 가지고 다른 사람에게 십자가의 도를 교육하시기를 바랍니다.

 오늘 깨달은 말씀을 논하기

1. 십자가를 지고 죽는다는 의미는 무엇입니까?

2. 당신이 십자가를 지고 죽으면 누가 살아납니까?

3. 앞으로 당신이 자랑해야 할 것은 무엇입니까?

4. 신앙생활의 승리는 무엇으로 합니까?

5. 부활의 영광은 어떤 사람이 받습니까?

 통성기도 오늘 깨달은 말씀을 통성으로 합심하여 기도하고, 성령 하나님이 우리들을 지배하시도록 기도합니다.

하나님은 성도들이 복음을 전하는 전문가가 되기를 원하십니다. 여기에 순종하는 성도가 하나님을 잘 믿는 사람입니다. 그러기 위해서는 자신의 감정을 버리고 십자가를 지고 죽는 길을 가시기를 바랍니다.

제 5 과
예수님의 제자가 되려면 마귀를 이겨라

암송구절

(약 4 : 7) "그런즉 너희는 하나님께 복종할지어다 마귀를 대적하라 그리하면 너희를 피하리라"

   어느 날, 마귀가 한 경건한 사람을 찾아 왔습니다. 그리고 그를 칭찬하기 시작하였습니다. 전도 많이 한 것, 많은 물질을 포기한 것, 명예를 포기하고 청빈생활의 본을 보인 것, "이런 일은 당신이 아니면 어느 누구도 흉내낼 수 없는 위대한 일"이라고 치켜세웠습니다. 마음을 고무풍선처럼 부풀게 하고 자만에 빠지게 하였습니다.
   한참 듣고 있던 그는 마귀의 말을 가로막고 말했습니다.
   "만약 하나님이 내게 주신 은혜와 사명을 다른 사람에게 주었다면 그는 나보다 훨씬 더 많은 일을 했을 것이다. 나는 부족해서 이것 밖에 못했으니 얼마나 부끄러운가! 앞으로는 더 열심히 하겠다."
   그랬더니 마귀는 도망가고 그는 더 열심히 일하게 되었습니다.
   "교만은 패망의 선봉이요 거만한 마음은 넘어짐의 앞잡이니라 겸손한 자와 함께 하여 마음을 낮추는 것이 교만한 자와 함께 하여 탈취물을 나누는 것보다 나으니라" (잠 16 : 18~19)
   신앙인들에게 이런 유혹이 종종 있습니다. 철야기도 한 뒤에, 전도하고 난 뒤에, 헌금하고 난 뒤에, 교회 건축을 마친 뒤에 마귀가 찾아와 종종 유혹하는데 넘어지지 않도록 조심해야 합니다.

제자의 삶

1. 마귀는 예수님 제자라도 넘어뜨리려고 합니다.

1) 가룟 유다는 마귀에게 져서 망하고 죽었습니다.

(요 13 : 2) "마귀가 벌써 시몬의 아들 가룟 유다의 마음에 예수를 팔려는 생각을 넣었더라"

2) 마귀는 베드로를 시험하려고 요구하였으나 예수님이 기도해 주서서 이길 수 있었습니다.

(눅 22 : 31~32) "[31] 시몬아, 시몬아, 보라 사탄이 너희를 밀 까부르듯 하려고 요구하였으나 [32] 그러나 내가 너를 위하여 네 믿음이 떨어지지 않기를 기도하였노니 너는 돌이킨 후에 네 형제를 굳게 하라"

3) 마귀는 당신을 넘어뜨리려고 배고파 우는 사자처럼 달려듭니다.

(벧전 5 : 8) "근신하라 깨어라 너희 대적 마귀가 우는 사자 같이 두루 다니며 삼킬 자를 찾나니"

2. 마귀는 당신을 점령하여 망하게 하려고 합니다.

1) 귀신이 사람 몸속에 들어가 집을 짓습니다.

(눅 11 : 24) "더러운 귀신이 사람에게서 나갔을 때에 물 없는 곳으로 다니며 쉬기를 구하되 얻지 못하고 이에 이르되 내가 나온 내 집으로 돌아가리라 하고"

2) 마귀는 당신의 욕심의 성품을 타고 마음속에 들어갑니다.

(행 5 : 3) "베드로가 이르되 아나니아야 어찌하여 사탄이 네 마음에 가득하여 네가 성령을 속이고 땅 값 얼마를 감추었느냐"

3) 귀신은 더 많은 귀신을 데리고 들어가 점령해 버립니다.

제 5 과
예수님의 제자가 되려면 마귀를 이겨라

(마 12 : 43~45) "[43] 더러운 귀신이 사람에게서 나갔을 때에 물 없는 곳으로 다니며 쉬기를 구하되 쉴 곳을 얻지 못하고 [44] 이에 이르되 내가 나온 내 집으로 돌아가리라 하고 와 보니 그 집이 비고 청소되고 수리되었거늘 [45] 이에 가서 저보다 더 악한 귀신 일곱을 데리고 들어가서 거하니 그 사람의 나중 형편이 전보다 더욱 심하게 되느니라 이 악한 세대가 또한 이렇게 되리라"

4) 마귀는 계속 죄를 짓게 만듭니다.

(요일 3 : 8) "죄를 짓는 자는 마귀에게 속하나니 마귀는 처음부터 범죄함이라 하나님의 아들이 나타나신 것은 마귀의 일을 멸하려 하심이라"

5) 마귀는 악한 마음을 이용하여 더 악하게 만듭니다.

(요 13 : 2) "마귀가 벌써 시몬의 아들 가룟 유다의 마음에 예수를 팔려는 생각을 넣었더라"

6) 마귀가 들어올 틈을 주지 않도록 영적 무장이 되어 있어야 합니다.

(엡 4 : 27) "마귀에게 틈을 주지 말라"

3. 성도들은 마귀를 물리쳐야 합니다.

1) 예수님은 제자들에게 마귀를 물리치는 훈련을 시키셨습니다.

(눅 10 : 17) "칠십 인이 기뻐하며 돌아와 이르되 주여 주의 이름이면 귀신들도 우리에게 항복하더이다"

2) 기도를 많이 해야 마귀를 물리칩니다.

(막 9 : 29) "이르시되 기도 외에 다른 것으로는 이런 종류가 나갈 수 없느니라 하시니라"

 제자의 삶

3) 성도들은 새벽기도, 철야기도, 금식기도를 힘써 해야 합니다.

(행 2 : 42) "그들이 사도의 가르침을 받아 서로 교제하고 떡을 떼며 오로지 기도하기를 힘쓰니라"

4) 기도를 많이 하여 성령 충만해야 마귀를 이깁니다.

(행 10 : 38) "하나님이 나사렛 예수에게 성령과 능력을 기름 붓듯 하셨으매 그가 두루 다니시며 선한 일을 행하시고 마귀에게 눌린 모든 사람을 고치셨으니 이는 하나님이 함께 하셨음이라"

5) 성도들은 전신갑주를 입어야 합니다.

성도들은 영적 무장인 전신갑주의 내용을 암기해야 합니다. 구원의 투구, 의의 흉배, 진리의 허리띠, 복음의 신발, 믿음의 방패, 성령의 검을 암기하여 기도할 때 자주 인용해야 합니다.

(엡 6 : 13) "그러므로 하나님의 전신 갑주를 취하라 이는 악한 날에 너희가 능히 대적하고 모든 일을 행한 후에 서기 위함이라"

6) 성도들은 마귀를 두려워하지 말고 기도로 대적해야 합니다.

마귀를 무서워하면 마귀는 그것을 알고 더 달려듭니다. 그러나 성경말씀을 믿고 기도로 대적하면 마귀가 도망갑니다.

(약 4 : 7) "그런즉 너희는 하나님께 복종할지어다 마귀를 대적하라 그리하면 너희를 피하리라"

7) 성도들이 영적 전투에서 승리하지 못하면 제자의 삶에 실패합니다.

(고후 11 : 3) "뱀이 그 간계로 하와를 미혹한 것 같이 너희 마음이 그리스도를 향하는 진실함과 깨끗함에서 떠나 부패할까 두려워하노라"

4. 예수님의 제자인 성도들이 해야 할 일이 있습니다.

1) 기도하여 영적 능력으로 귀신을 내쫓는 일입니다.

　(마 10 : 1) "예수께서 그의 열두 제자를 부르사 더러운 귀신을 쫓아내며 모든 병과 모든 약한 것을 고치는 권능을 주시니라"

2) 힘써 기도하여 병자를 치료하는 일입니다.

　(눅 9 : 1~2) "[1] 예수께서 열두 제자를 불러 모으사 모든 귀신을 제어하며 병을 고치는 능력과 권위를 주시고 [2] 하나님의 나라를 전파하며 앓는 자를 고치게 하려고 내보내시며"

3) 불신자나 다른 성도들에게 평안과 복을 빌어주는 일입니다.

　(마 10 : 12~13) "[12] 또 그 집에 들어가면서 평안하기를 빌라 [13] 그 집이 이에 합당하면 너희 빈 평안이 거기 임할 것이요 만일 합당하지 아니하면 그 평안이 너희에게 돌아올 것이니라"

4) 열심히 전도하는 일입니다.

　(막 3 : 14) "이에 열둘을 세우셨으니 이는 자기와 함께 있게 하시고 또 보내사 전도도 하며"

5) 하나님 나라를 전파하는 일입니다.

　(눅 9 : 1~2) "[1] 예수께서 열두 제자를 불러 모으사 모든 귀신을 제어하며 병을 고치는 능력과 권위를 주시고 [2] 하나님의 나라를 전파하며 앓는 자를 고치게 하려고 내보내시며"

6) 양을 돌보는 목자를 하는 일입니다.

　(요 21 : 17) "세 번째 이르시되 요한의 아들 시몬아 네가 나를 사랑하느냐 하시니 주께서 세 번째 네가 나를 사랑하느냐 하시므로 베드로가 근심하여 이르되 주님 모든 것을 아시오매 내가 주님을 사랑하는 줄을 주님께서 아시나이다 예수께서 이르시되 내 양을 먹이라"

제 5 과
예수님의 제자가 되려면 마귀를 이겨라

참고의 말씀

신자나 불신자인 사람들에게 멸망을 당하게 하고 실패를 주고 인생의 고통을 받게 하는 것은 마귀입니다. 그러나 사람들은 이것을 모르고 있습니다. 모두 마귀에게 속고 있는 것입니다. 사람이 사기꾼에게 속으면 망하는 것처럼 마귀에게 속는 사람은 멸망하여 지옥에 갑니다. 그러므로 모든 사람은 마귀의 정체를 알고 이겨야 합니다. 마귀를 이기는 길은 하나님을 진실로 믿고 힘써 기도하는 것입니다.

 오늘 깨달은 말씀을 논하기

1. 마귀와 귀신이 성도들을 넘어뜨리기 위해서 어떻게 덤빕니까?

2. 마귀와 귀신이 성도들의 몸 안에 어떻게 들어옵니까?

3. 마귀와 귀신을 이기는 방법에는 무엇이 있습니까?

4. 예수님의 제자가 해야 할 일은 무엇입니까?

 통성기도 오늘 깨달은 말씀을 통성으로 합심하여 기도하고, 성령 하나님이 우리들을 지배하시도록 기도합니다.

예수님의 제자가 되는 것이 교회에서 다른 사람을 가르치는 리더가 되는 것입니다. 하나님은 마귀의 간계를 이기고 전도하는 성도, 양육하는 성도, 기도하는 성도가 되기를 원하십니다. 성도들이 하나님의 소원을 이루어 주시기를 바랍니다.

제 6 과
제자의 도는 스승의 교훈대로 행하는 것

암송구절

(마 28 : 19~20) "그러므로 너희는 가서 모든 민족을 제자로 삼아 아버지와 아들과 성령의 이름으로 세례를 베풀고 내가 너희에게 분부한 모든 것을 가르쳐 지키게 하라 볼지어다 내가 세상 끝날까지 너희와 항상 함께 있으리라 하시니라"

2차 대전 때에 일어난 일입니다.

아주 젊은 청년 하나가 총탄을 맞고 쓰러져 죽어가고 있었습니다. 그 청년에게 군목이 말을 합니다. "이제 당신은 죽을 것입니다. 내가 당신 대신 어머니에게 편지를 써드리지요. 무엇이라고 쓸까요?"

청년은 "어머니께는 제가 기쁘게 죽었다고 써주세요." 라고 대답했습니다. 그리고 이런 말을 하였습니다. "지금 교회학교 선생님이 떠오릅니다. 어렸을 적, 나에게 성경을 가르쳐 준 분이지요. 그분께는 제가 그리스도인으로서 죽었다고 써주세요." 라고 말하고 눈을 감았습니다.

군목은 그대로 청년의 어머니와 교회학교 선생님에게 편지를 썼습니다. 그런데 그 선생님으로부터 회답이 왔습니다. "편지를 보내주셔서 고맙습니다. 나는 사실 교회학교 학생들을 가르치면서 별로 열매가 없어서 한 달 전에 사표를 냈는데, 오늘 이 편지를 받아보고 내가 한 일이 결코 헛되지 않았다고 생각되어 다시 교회학교 선생을 하기로 결심했습니다."

 제자의 삶

1. 참된 제자는 예수님의 말씀과 명령에 순종합니다.

1) 가서 제자 삼으라고 하셨습니다.

　(마 28 : 19) "그러므로 너희는 가서 모든 민족을 제자로 삼아 아버지와 아들과 성령의 이름으로 세례를 베풀고"

2) 예수 그리스도의 증인이 되어야 합니다.

　(행 3 : 15) "생명의 주를 죽였도다 그러나 하나님이 죽은 자 가운데서 그를 살리셨으니 우리가 이 일에 증인이라"

3) 예수님의 제자들이 순종하여 많은 사람들을 제자로 삼았습니다.

　(행 6 : 7) "하나님의 말씀이 점점 왕성하여 예루살렘에 있는 제자의 수가 더 심히 많아지고 허다한 제사장의 무리도 이 도에 복종하니라"

4) 여자들도 제자가 되었습니다.

　(행 9 : 36) "욥바에 다비다라 하는 여제자가 있으니 그 이름을 번역하면 도르가라 선행과 구제하는 일이 심히 많더니"

5) 제자들을 모아서 성경을 가르쳐 믿음을 성장시켰습니다.

　(행 19 : 9) "어떤 사람들은 마음이 굳어 순종하지 않고 무리 앞에서 이 도를 비방하거늘 바울이 그들을 떠나 제자들을 따로 세우고 두란노 서원에서 날마다 강론하니라"

2. 참된 제자는 다른 사람을 제자 삼는 사역을 합니다.

1) 예수님이 명령하셨습니다. 참된 제자는 전도하여 다른 사람을 예수님의 제자가 되게 하는 것입니다.

제 6 과
제자의 도는 스승의 교훈대로 행하는 것

(마 28 : 19~20) "[19] 그러므로 너희는 가서 모든 민족을 제자로 삼아 아버지와 아들과 성령의 이름으로 세례를 베풀고 [20] 내가 너희에게 분부한 모든 것을 가르쳐 지키게 하라 볼지어다 내가 세상 끝날까지 너희와 항상 함께 있으리라 하시니라"

2) 전도를 쉬지 않고 해야 합니다.

(행 5 : 42) "그들이 날마다 성전에 있든지 집에 있든지 예수는 그리스도라고 가르치기와 전도하기를 그치지 아니하니라"

3) 제자는 다른 사람을 양육합니다.

(행 17 : 11~12) "[11] 베뢰아에 있는 사람들은 데살로니가에 있는 사람들보다 더 너그러워서 간절한 마음으로 말씀을 받고 이것이 그러한가 하여 날마다 성경을 상고하므로 [12] 그 중에 믿는 사람이 많고 또 헬라의 귀부인과 남자가 적지 아니하나"

4) 제자는 다른 사람을 일꾼이 되게 합니다.

(살전 3 : 2) "우리 형제 곧 그리스도의 복음을 전하는 하나님의 일꾼인 디모데를 보내노니 이는 너희를 굳건하게 하고 너희 믿음에 대하여 위로함으로"

3. 제자는 힘이 들어도 사역해야 합니다.

1) 가난해도 사역해야 합니다.

(약 2 : 5) "내 사랑하는 형제들아 들을지어다 하나님이 세상에서 가난한 자를 택하사 믿음에 부요하게 하시고 또 자기를 사랑하는 자들에게 약속하신 나라를 상속으로 받게 하지 아니하셨느냐"

2) 핍박이 있어도 사역해야 합니다.

(마 5 : 11~12) "[11] 나로 말미암아 너희를 욕하고 박해하고 거짓으로 너희를 거

 제자의 삶

슬러 모든 악한 말을 할 때에는 너희에게 복이 있나니 [12] 기뻐하고 즐거워하라 하늘에서 너희의 상이 큼이라 너희 전에 있던 선지자들도 이같이 박해하였느니라"

3) 고통이 있어도 사역해야 합니다.

　(고후 1 : 7) "너희를 위한 우리의 소망이 견고함은 너희가 고난에 참여하는 자가 된 것 같이 위로에도 그러할 줄을 앎이라"

4) 죽는 것과 같은 어려움이 있어도 사역해야 합니다.

　(롬 8 : 38~39) "[38] 내가 확신하노니 사망이나 생명이나 천사들이나 권세자들이나 현재 일이나 장래 일이나 능력이나 [39] 높음이나 깊음이나 다른 어떤 피조물이라도 우리를 우리 주 그리스도 예수 안에 있는 하나님의 사랑에서 끊을 수 없으리라"

5) 끝까지 충성해야 합니다.

　(딤전 1 : 12) "나를 능하게 하신 그리스도 예수 우리 주께 내가 감사함은 나를 충성되이 여겨 내게 직분을 맡기심이니"

4. 주님을 위해 순교하고자 하는 마음으로 사역해야 합니다.

1) 순교하고자 하는 마음으로 사역해야 합니다.

　(행 20 : 24) "내가 달려갈 길과 주 예수께 받은 사명 곧 하나님의 은혜의 복음을 증언하는 일을 마치려 함에는 나의 생명조차 조금도 귀한 것으로 여기지 아니하노라"

2) 살아도 죽어도 주를 위해 살아야 합니다.

　(롬 14 : 8) "우리가 살아도 주를 위하여 살고 죽어도 주를 위하여 죽나니 그러므로 사나 죽으나 우리가 주의 것이로다"

3) 주를 위해 사역한 성도들에게는 하나님의 특별한 축복이 있습니다.

(고후 3 : 8) "하물며 영의 직분은 더욱 영광이 있지 아니하겠느냐"

(벧전 5 : 4) "그리하면 목자장이 나타나실 때에 시들지 아니하는 영광의 관을 얻으리라"

5. 사람의 영혼을 불쌍히 보는 눈이 있어야 합니다.

사람의 진짜 모습은 외모가 아니라 영혼입니다.

1) 헤롯 왕의 영혼을 보는 눈이 있어야 합니다.

(행 12 : 23) "헤롯이 영광을 하나님께로 돌리지 아니하므로 주의 사자가 곧 치니 벌레에게 먹혀 죽으니라"

2) 가족이나 이웃의 불신자의 영혼을 보는 눈이 있어야 합니다.

(눅 16 : 23, 27~28) "[23] 그가 음부에서 고통 중에 눈을 들어 멀리 아브라함과 그의 품에 있는 나사로를 보고 [27] 이르되 그러면 아버지여 구하노니 나사로를 내 아버지의 집에 보내소서 [28] 내 형제 다섯이 있으니 그들에게 증언하게 하여 그들로 이 고통 받는 곳에 오지 않게 하소서"

3) 자신의 영혼을 보는 눈이 있어야 합니다.

(계 3 : 17) "네가 말하기를 나는 부자라 부요하여 부족한 것이 없다 하나 네 곤고한 것과 가련한 것과 가난한 것과 눈 먼 것과 벌거벗은 것을 알지 못하는도다"

제 6 과
제자의 도는 스승의 교훈대로 행하는 것

참고의 말씀

기독교인들은 예수님의 제자입니다. 제자의 도가 무엇인지 알아야 합니다. 제자의 도는 스승님의 교훈을 마음속에 새기고 그 뜻을 받들어 행하는 것입니다. 그러므로 예수님의 제자들은 열심히 불신자를 찾아다니며 예수님의 가르침으로 접근하여 좋은 관계를 맺고 진리를 전하고 양육하여 그 사람을 예수님의 제자로 만들어 놓아야 합니다.

다른 사람을 가르쳐서 제자로 삼았을 때 참된 예수님의 제자의 사명을 감당한 것입니다. 제자는 스승의 가르침을 따라 살아야 훌륭한 제자가 되는 것입니다.

 오늘 깨달은 말씀을 논하기

1. 예수님은 어떤 말씀과 명령을 하십니까?

2. 예수님의 참된 제자는 어떤 일을 한 사람입니까?

3. 제자는 어떤 때도 사역을 해야 합니까?

4. 성도들은 어떤 마음으로 사역을 해야 합니까?

5. 영혼의 눈으로 자신을 보았을 때 어떻게 보입니까?

 **통성기도**   오늘 깨달은 말씀을 통성으로 합심하여 기도하고, 성령 하나님이 우리들을 지배하시도록 기도합니다.

교회에서 다른 사람을 전도하고 양육하는 일은 리더가 해야 할 매우 중요한 일입니다. 하나님은 모든 성도가 이 일을 열심히 해 주기를 소원하고 계십니다.

제 7 과
예수님의 제자는 성령을 받아야 한다

암송구절

(요 20 : 21~22) "예수께서 또 이르시되 너희에게 평강이 있을지어다 아버지께서 나를 보내신 것 같이 나도 너희를 보내노라 이 말씀을 하시고 그들을 향하사 숨을 내쉬며 이르시되 성령을 받으라"

내가 어떻게 신앙생활 해야 성공할까, 복을 받을까, 내가 변화될까 등 신앙생활의 모든 문제를 해결할 수 있는 방법이 있습니다. 그리고 자신의 영혼, 마음, 육체가 치유 받을 수 있는 비결이 있습니다. 그것은 자신의 십자가의 도를 깨닫고 예수님처럼 죽는 것입니다. 그렇게 하면 자신의 주변에 놀라운 기적과 성령 하나님의 역사가 있는 것을 경험하게 될 것입니다.

성령 하나님은 우리가 예수를 영접하고 십자가의 도를 실천한다면 우리 안에 내주하십니다. 성령 하나님의 내주와 성령 충만은 다릅니다. 비유로 말하면, 성령 충만은 술에 취하거나 돛단배가 돛폭에 바람을 팽팽하게 타는 것입니다. 배터리에 충전이 가득된 것과 같이 성령이 나를 전적으로 지배하고 인도하고 가르치고 힘 입혀 주시는 것을 의미합니다.

풍성한 생활의 비결은 성령 충만입니다. 성령 충만은 반복해서 받습니다. 사도들은 사도행전 2장에서 충만하고 4장에서 다시 충만하였습니다(행 4 : 31). 성령 충만은 곧 능력 충만, 사랑 충만, 은혜 충만, 기쁨 충만을 줍니다. 사람의 환경이나 소유와는 상관없습니다. 전도하는 힘, 기도하는 힘, 주를 섬기는 힘은 성령에게서 옵니다. 또 성경을 가르쳐 주시고 주님을 닮게 하십니다. 고난과 시련 속에서 승리하고 기뻐하는 능력도 성령 충만에서 나옵니다. 성도는 항상 성령 충만해야 합니다.

제자의 삶

1. 성령을 받아야 할 이유가 있습니다.

1) 예수님의 명령입니다.

(요 20 : 21~22) "[21] 예수께서 또 이르시되 너희에게 평강이 있을지어다 아버지께서 나를 보내신 것 같이 나도 너희를 보내노라 [22] 이 말씀을 하시고 그들을 향하사 숨을 내쉬며 이르시되 성령을 받으라"

2) 성령을 받아 영으로 거듭나야 하나님 나라에 들어갑니다.

(요 3 : 5~6) "[5] 예수께서 대답하시되 진실로 진실로 네게 이르노니 사람이 물과 성령으로 나지 아니하면 하나님의 나라에 들어갈 수 없느니라 [6] 육으로 난 것은 육이요 영으로 난 것은 영이니"

3) 성도들에게 유익이 되기 때문입니다.

(고전 12 : 7) "각 사람에게 성령을 나타내심은 유익하게 하려 하심이라"

2. 성령을 받는 방법이 있습니다.

1) 간절히 사모하는 마음으로 힘써 기도해야 받습니다.

(눅 11 : 13) "너희가 악할지라도 좋은 것을 자식에게 줄 줄 알거든 하물며 너희 하늘 아버지께서 구하는 자에게 성령을 주시지 않겠느냐 하시니라"

2) 10일 동안 간절히 간구해서 받았습니다.

(행 4 : 31) "빌기를 다하매 모인 곳이 진동하더니 무리가 다 성령이 충만하여 담대히 하나님의 말씀을 전하니라"

3) 회개해야 받습니다.

(행 2 : 38) "베드로가 이르되 너희가 회개하여 각각 예수 그리스도의 이름으로

세례를 받고 죄 사함을 받으라 그리하면 성령의 선물을 받으리니"

4) 하나님의 말씀을 듣는 중에 받습니다.

  (행 10 : 44~45) "[44] 베드로가 이 말을 할 때에 성령이 말씀 듣는 모든 사람에게 내려오시니 [45] 베드로와 함께 온 할례 받은 신자들이 이방인들에게도 성령 부어 주심으로 말미암아 놀라니"

5) 안수 기도 받을 때 받습니다.

  (행 8 : 17) "이에 두 사도가 그들에게 안수하매 성령을 받는지라"

3. 성령을 받으면 일어나는 일들이 있습니다.

1) 예수님을 구주라고 고백합니다.

  (고전 12 : 3) "그러므로 내가 너희에게 알리노니 하나님의 영으로 말하는 자는 누구든지 예수를 저주할 자라 하지 아니하고 또 성령으로 아니하고는 누구든지 예수를 주시라 할 수 없느니라"

2) 성령 충만하면 영적인 능력을 받게 됩니다.

  (엡 3 : 16) "그의 영광의 풍성함을 따라 그의 성령으로 말미암아 너희 속사람을 능력으로 강건하게 하시오며"

3) 예수님의 증인이 되어 전도하게 됩니다.

  (행 1 : 8) "오직 성령이 너희에게 임하시면 너희가 권능을 받고 예루살렘과 온 유대와 사마리아와 땅 끝까지 이르러 내 증인이 되리라 하시니라"

 제자의 삶

4. 하나님은 성령 충만한 사람들을 사용하셨습니다.

1) 하나님은 성령 충만한 바나바를 사용하셨습니다.

 (행 11 : 24) "바나바는 착한 사람이요 성령과 믿음이 충만한 사람이라 이에 큰 무리가 주께 더하여지더라"

2) 하나님은 성령 충만한 바울을 사용하셨습니다.

 (행 13 : 9) "바울이라고 하는 사울이 성령이 충만하여 그를 주목하고"

3) 하나님은 성령 충만한 제자들을 사용하셨습니다.

 (행 13 : 52) "제자들은 기쁨과 성령이 충만하니라"

4) 하나님은 성령 충만한 사람 일곱을 집사로 사용하셨습니다.

 (행 6 : 3) "형제들아 너희 가운데서 성령과 지혜가 충만하여 칭찬 받는 사람 일곱을 택하라 우리가 이 일을 그들에게 맡기고"

5. 성령이 충만한 사람에게 나타나는 은사가 있습니다.

1) 아홉 가지 및 다른 여러 성령의 은사가 임합니다.

 (고전 12 : 8~10) "[8] 어떤 사람에게는 성령으로 말미암아 지혜의 말씀을, 어떤 사람에게는 같은 성령을 따라 지식의 말씀을, [9] 다른 사람에게는 같은 성령으로 믿음을, 어떤 사람에게는 한 성령으로 병 고치는 은사를, [10] 어떤 사람에게는 능력 행함을, 어떤 사람에게는 예언함을, 어떤 사람에게는 영들 분별함을, 다른 사람에게는 각종 방언 말함을, 어떤 사람에게는 방언들 통역함을 주시나니"

2) 성령의 열매가 맺어집니다.

 (갈 5 : 22~23) "[22] 오직 성령의 열매는 사랑과 희락과 화평과 오래 참음과 자비와 양선과 충성과 [23] 온유와 절제니 이 같은 것을 금지할 법이 없느니라"

3) 성령님은 우리의 연약함을 도우십니다.

　(롬 8 : 26) "이와 같이 성령도 우리의 연약함을 도우시나니 우리는 마땅히 기도할 바를 알지 못하나 오직 성령이 말할 수 없는 탄식으로 우리를 위하여 친히 간구하시느니라"

4) 성령 하나님이 직접 마음에서 성도들을 가르치십니다.

　(요 14 : 26) "보혜사 곧 아버지께서 내 이름으로 보내실 성령 그가 너희에게 모든 것을 가르치고 내가 너희에게 말한 모든 것을 생각나게 하리라"

6. 성령에 관하여 조심해야 할 일들이 있습니다.

1) 소멸되지 않도록 조심해야 합니다.

　(살전 5 : 19) "성령을 소멸하지 말며"

　(히 6 : 4~6) "[4] 한 번 빛을 받고 하늘의 은사를 맛보고 성령에 참여한 바 되고 [5] 하나님의 선한 말씀과 내세의 능력을 맛보고도 [6] 타락한 자들은 다시 새롭게 하여 회개하게 할 수 없나니 이는 그들이 하나님의 아들을 다시 십자가에 못 박아 드러내 놓고 욕되게 함이라"

2) 성령 하나님을 모독하지 않아야 합니다.

　(눅 12 : 10) "누구든지 말로 인자를 거역하면 사하심을 받으려니와 성령을 모독하는 자는 사하심을 받지 못하리라"

NOTE

제 7 과
예수님의 제자는 성령을 받아야 한다

참고의 말씀

성령 충만하지 않고 하나님의 일을 할 수 없습니다. 만약 성령 충만하지 않고 하나님의 일을 하려는 사람이 있다면 곧 주저앉게 될 것이며 열매도 없을 것입니다. 그러므로 모든 성도는 성령 충만을 위해 기도해야 합니다. 성령 충만을 받아서 사역해야 하나님의 뜻을 이룰 수 있습니다. 성령 충만은 사역자들에게 필수적인 사항입니다.

지금 우리시대는 지식이 없어서 안 되는 것이 아니라 성령 충만한 사람이 없어서 안 되는 것입니다. 성령 충만한 사람이 필요합니다. 성도들은 이러한 사실을 다른 사람에게, 이 책을 가지고 교육해야 합니다.

 오늘 깨달은 말씀을 논하기

1. 성령을 받아야 할 이유는 무엇입니까?

2. 성령을 받는 방법은 무엇입니까?

3. 성령을 받으면 어떤 일들이 일어납니까?

4. 성령이 임한 사람에게 나타나는 은사는 어떤 것들입니까?

5. 성령에 관하여 조심해야 할 일들은 무엇입니까?

 통성기도   오늘 깨달은 말씀을 통성으로 합심하여 기도하고, 성령 하나님이 우리들을 지배하시도록 기도합니다.

예수님의 제자가 된 성도는 성령 충만해야 기쁨으로 리더의 역할을 감당하게 됩니다. 모든 성도가 성령 충만하여 영적인 리더가 되시기를 바랍니다.

영성·인성교육

"신앙 속에서 인성교육을 공부하다"

우리가 살아가는데 꼭 필요한 인성을 기르기 위해 알아야 할 내용과, 이것을 적용할 수 있게 오래 기억되어 각각의 개인 뿐 아니라 가족들이 함께 변화될 수 있는 방법들로 구성되어 있습니다.

교인보감 1 (유년부)
값 10,000원

교인보감 2 (유년부)
값 10,000원

교인보감 3 (유년부)
값 10,000원

교인보감 1 (초등부)
값 10,000원

교인보감 2 (초등부)
값 10,000원

교인보감 3 (초등부)
값 10,000원

교인보감 1 (중등부)
값 10,000원

교인보감 2 (중등부)
값 10,000원

교인보감 3 (중등부)
값 10,000원

교인보감 1 (고등부)
값 10,000원

교인보감 2 (고등부)
값 10,000원

교인보감 3 (고등부)
값 10,000원

교인보감 1 (대학청년부)
값 10,000원

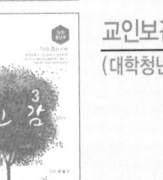
교인보감 2 (대학청년부)
값 10,000원

교인보감 3 (대학청년부)
값 10,000원

교인보감 1 (장년부)
값 12,000원

교인보감 2 (장년부)
값 12,000원

교인보감 3 (장년부)
값 12,000원

"십자가의 길은 사람을 살리는 길입니다."

양육교재

인간의 삶(개정판)   값 5,000원

인간이 고통을 당하는 이유를 성경을 통해 명확하게 알려주며 자신의 모습을 돌아보게 합니다.

새로운 삶(개정판)   값 5,000원

하나님을 알고 살아가는 삶이 새로운 삶임을 깨닫게 하며, 가르치는 자와 배우는 자가 동일하게 세워지도록 합니다.

제자의 삶(개정판)   값 5,000원

예수님의 진정한 제자는 어떻게 살아야 하는가를 성경적으로 권면합니다.

축복의 삶(개정판)   값 5,000원

하나님의 자녀로서 축복받는 삶이 무엇인가를 배우며 기쁨과 감사함으로 살아가게 합니다.

기도학교   값 3,500원

기도에 대해서 알고 싶어하고 배우고 싶어하는 성도들을 위해 하나님께서 들어주시는 올바른 기도를 가르쳐 줍니다.

새가족학교   값 5,000원

교회에 나오는 새가족들이 궁금해 하는 모든 내용들을 정리하여 그들의 궁금증을 해결해 주어 정착하도록 돕습니다.

전인치유학교(성도용)   값 9,000원

어떻게 하면 하나님이 사람을 치료하는 것을 찾아볼까 하는 고민 중에 본 치유 프로그램이 만들어졌습니다. 이 치유 프로그램은 성경적인 치유를 전제로 만들어졌습니다. 인본적인 치유가 아니라 성경적인 치유 프로그램인 것입니다.

전인치유학교(리더용)   값 10,000원

어떻게 하면 하나님이 사람을 치료하는 것을 찾아볼까 하는 고민 중에 본 치유 프로그램이 만들어졌습니다. 이 치유 프로그램은 성경적인 치유를 전제로 만들어졌습니다. 인본적인 치유가 아니라 성경적인 치유 프로그램인 것입니다.

목자예비학교   값 4,500원

평신도 리더로서 사역할 수 있도록 모든 소그룹 인도 방법을 자세하게 가르쳐 줍니다.

전도학교(예수전도법)   값 7,000원

예수전도법을 통하여 불신자를 전도하는 모든 방법을 가르쳐 전도는 누구나 할 수 있다는 자신감을 갖게 합니다.

교회학교 양육교재

인간의 삶(교회학교)
값 3,500원

새로운 삶(교회학교)
값 3,500원

제자의 삶(교회학교)
값 3,500원

축복의 삶(교회학교)
값 3,500원

새가족학교(교회학교)
값 4,500원

단행본

세계교회는 십자가의 길로 간다 값 8,000원

십자가의 길은 독자들에게 비전과 소망을 줄 것입니다. 목회의 목마름을 해갈해 줄 것입니다.
아울러 본 저서는 목회를 잘 해 보고자 하는 열심있는 목회자들과 목회에 지친 분들에게 새 힘을 불어넣는 좋은 책이 될 것입니다.

목회자가 반드시 알아야 할 36가지(상)(하) 값 13,000원

목회를 하면서 많은 시행착오를 겪었습니다. 누군가 코치를 해 주는 사람이 있었으면 좋았을텐데 불행히도 없었습니다. 문제가 생길 때마다 좌절도 하고 낙심도 하였지만 다행히 하나님께서 해결해 주셔서 어려운 목회 문제를 풀 수 있었습니다. 그리고 많은 은혜를 주셨습니다. 이 책이 나와 같은 목회자들에게 도움이 되었으면 좋겠습니다.

요한계시록 값 15,000원

요한계시록을 쉽게 이해하라고 쓴 것입니다. 예수님의 재림을 인지하여 준비하라고 쓴 것입니다. 돌림받지 못하는 성도들을 위해 대환란에서도 깨닫고 구원받는 길을 알려 주려고 쓴 것입니다. 이 단들이 예수 그리스도의 재림과 심판을 악용하는 데에 속지 말라고 씁니다. 요한계시록을 잘못 해석하는 곳이 많아 바르게 분별하라고 쓴 것입니다.

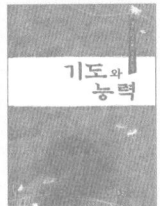

예수그리스도께서 가르쳐 주신 기도와 능력 값 10,000원

기도하는 많은 사람들을 새로운 기도의 세계로 인도할 것입니다. 주님이 가르쳐 주신 기도순서로 기도하면 깊은 영성을 소유하게 될 것입니다. 그리고 절대로 잘못된 기도는 하지 않게 될 것입니다. 또 놀라운 영적 경험을 하게 될 것입니다. 자신이 변화하는 것을 느끼게 되며, 치유의 역사가 속에서 일어나는 것을 느낄 것입니다.

기도훈련집(스프링/포켓용)
값 9,000원
값 4,000원

이 기도문은 그리스도께서 하신 기도입니다. 지금까지 자기 욕심을 이루려는 기도를 드렸고 하나님을 괴롭게 하는 기도를 드렸음을 발견하게 될 것입니다. 또한 자신의 영혼이 깨끗해지고 마음이 정결해지는 것을 느끼게 될 것입니다.

교회건강검진 값 10,000원

건강한 교회와 성장하는 교회는 다른 시각으로 보아야 합니다. 건강하지 못해도 성장하는 교회가 있습니다. 이런 교회는 바람직하지 못합니다. 교회는 하나님 보시기에 건강해야 하고 또 성장해야 합니다. 그러기 위해서 검사 방법이 정확해야 합니다. 여기에 그 방법을 소개합니다.

폭발적 목장영적추수행사 값 3,500원

목장영적추수행사는 좀 더 체계적으로 훈련하여 성도의 생각을 바꾸고 생활 속에서 신앙적으로 전도 활동과 목장 집회를 갖도록 하는 획기적인 책입니다.
이 책이 제시하는 대로 시행한다면 누구든지 전도를 할 수 있으며 목장도 활성화되는 결과를 얻게 될 것입니다.

52주 목장집회 1, 2 각 값 6,000원

예배는 구원 받은 사람들이 하나님을 경외하는 것입니다. 집회는 사람들이 모여서 하나님의 은혜 받기를 사모하는 것입니다. 예배와 집회는 전혀 다른 성격을 띠고 있습니다. 목장 집회는 하나님의 은혜를 받기 위한 특별한 모임입니다. 목장 집회의 중요한 리더 만들기와 기도 셀, 사랑의 실천, 불신자를 위한 모임 등을 실천하도록 하였습니다.

생명을 얻는 길(상) 값 2,500원

태신자의 눈높이에 맞춘 맞춤식 양육 교재입니다. 철저히 태신자의 입장에서 그들의 문제를 해결하고 있는 것이 본서의 특징입니다. 또한 기존 성도들도 태신자를 양육하면서 은혜 받고 하나님이 원하시는 신앙으로 바뀌게 됩니다.
'생명을 얻는 길'은 미니 전도지와 함께 사용하면 양육 효과가 더욱 크게 나타납니다.

영혼의 찬양 값 5,500원

십자가선교센터에서 선정한 200곡의 주옥 같은 찬양을 수록하였습니다.

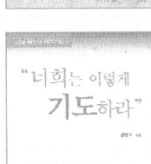

너희는 이렇게 기도하라 값 7,000원

하루를 여는 새벽시간에 개인적으로 읽고 묵상하며 경건의 시간을 갖도록 되어 있습니다. 교회에서 21일 특별 새벽기도회 기간에 활용하시면 큰 은혜의 시간이 될 것입니다.

유아세례 학습서 값 8,000원

아이들에게 있어 부모의 신앙은 매우 중요합니다. 그 이유는 아이들이 부모의 신앙을 그대로 배우기 때문입니다. 그러므로 유아세례를 줄 때 부모를 함께 철저하게 교육시킬 필요가 있습니다.

맞춤전도지

현대인들은 매우 바쁘고 복잡하게 살아갑니다. 그들에게 복음을 전하기란 쉽지 않습니다. 이와 같은 문제점을 해결하고자 **52출판**에서는 **5분 안에 어느 누구**에게든지 **시간과 장소에 국한되지 않고 복음**을 전하는 **맞춤 전도지**를 만들었습니다. 하나님의 나라가 우리나라 가운데 임하길 기도드립니다.

❶ 복된 소식
값 300원
죄의 문제 해결과 구원에 대한 진리를 선포하고 있습니다.

❷ 5분 복음제시
값 300원
죄의 문제 해결과 하나님을 믿으면 좋은 것에 대하여 설명합니다.

❸ 인생을 아십니까?
값 300원
인생무상과 가치있는 삶에 대한 해결책을 제시합니다.

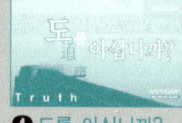
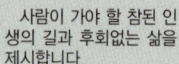
❹ 도를 아십니까?
값 300원
사람이 가야 할 참된 인생의 길과 후회없는 삶을 제시합니다.

❺ 사람은 왜 고난이 많습니까?
값 300원
사람의 고난과 고통의 문제에서 벗어나 평안하게 사는 길을 제시합니다.

❻ 질병이 치료됩니다
값 300원
질병에서 벗어나 기적을 경험하는 삶을 제시합니다.

❼ 자신의 미래를 아십니까?
값 300원
사람은 자신의 미래에 대해서 궁금해 합니다. 그 미래에 대한 명쾌한 해답을 제시합니다.

❽ 인생문제 해결을 원하십니까?
값 300원
모든 사람은 문제를 안고 살아갑니다. 문제 해결과 축복의 삶을 제시합니다.

❾ 교회를 쉬고 계십니까?
값 300원
신앙생활을 하다 여러가지 시험과 문제로 교회를 쉬고 계십니까? 하나님께서는 첫사랑을 회복하기를 원하십니다.

❿ 어떤 종교를 가지고 계십니까?
값 300원
어떤 종교를 가지고 있느냐에 따라서 사후의 삶이 달라집니다. 참 종교의 길을 제시합니다.

중급반교재

십자가의 길 생활 시리즈 (중급반)

교회생활 값 5,000원

가정생활 값 5,000원

헌신생활 값 5,000원

복된생활 값 5,000원

기도훈련집 "너희는 이렇게 기도하라" 시리즈 ②~⑤

유치유년기도훈련집 값 9,000원

초등부기도훈련집 값 7,000원

목자학교 값 7,000원

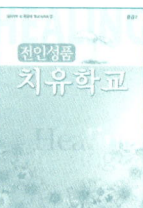
전인성품치유학교 값 7,000원

지도자훈련학교 값 5,000원

소원기도모임 값 5,000원

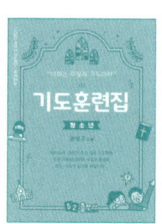
청소년기도훈련집 값 8,000원

노년부기도훈련집 값 9,000원

홈페이지 http://www.52ch.kr 02)2617-2044, 010-5950-4109